CHAREL CAMBRÉ

FILIP VAN BELGIE

WAAR IS DAT FEESTJE?

DOMME VRAAG, HIER NATUURLIJK
SCHOL
CHAREL CAMBRÉ

D1683738

2STRIP

HIERZIE, ONZE NIEUWE KONING IS OOK WAKKER, EINDELIJK.
KONING FILIP!
SSST, NIET ZO HARD SPREKEN, MIJN HOOFD STAAT OP SPRINGEN.
HAHAHA, TJA, 'T WAS ME HET FEESTJE WEL GISTEREN.
ZEG DAT WEL, GELUKKIG WORD JE MAAR ÉÉN KEER TOT KONING BENOEMD.
IK KAN GEEN CHAMPAGNE MEER ZIEN.
BURPS!
MAAR GEEF TOE, HET WAS EEN PRACHTIGE DAG.
BOAH, VIEL WEL MEE.
DE OPTOCHT VAN DE MILITAIRE BLAASKAPEL DIE DE BRABANÇONNE SPEELDE, ZO SCHOON.
IK HEB NOCHTANS ENKELE VALSE NOTEN GEHOORD.
ONZE F16 GEVECHTSVLIEGTUIGEN DIE MET HUN GEKLEURDE UITLAATGASSEN DE LUCHT IN DE BELGISCHE DRIEKLEUR SCHILDERDEN, PRACHTIG!
LUCHTVERVUILING.
EN AL DIE MENSEN DIE MET HUN VLAGGETJES STONDEN TE ZWAAIEN, IK HEB NOG NOOIT ZOVEEL VOLK BIJ ELKAAR GEZIEN!
AH JA, 'T WAS GRATIS INKOM.
HM, IK HOOR HET AL, JIJ BENT JALOERS.
IK, JALOERS? LAAT ME NIET LACHEN!
VERTEL ME LIEVER WAT JE GAAT DOEN NU JE KONING BENT, OF HEB JE DAAR NOG NIET OVER NAGEDACHT?
TOCH WEL.
ALLES WAT IK VAN NONKEL BOUDEWIJN EN PAPA GELEERD HEB, GA IK VANDAAG IN DE PRAKTIJK OMZETTEN.
IK BEN BENIEUWD.
JA?
TOK TOK
ELISABETH, HET IS TIJD MEISJE. VANDAAG BEGINNEN WE MET DE VOORBEREIDING VOOR HET MOMENT DAT JIJ DE TROON ZAL BESTIJGEN.
LES ÉÉN, LINTJES DOORKNIPPEN.
NEEM EEN SCHAAR.
1/1

NOOIT GEDACHT DAT KONING ZIJN ZO HECTISCH WAS, DRUK, DRUK, DRUK!
DING DONG
MINISTER PIETER DE CREM, U HIER? KOM BINNEN.
NEE, DANK U, IK KOM ENKEL IETS AFGEVEN.
IK BEN HIER VOOR DE OVERDRACHT VAN 'HET BERUCHTE KOFFERTJE'.
BERUCHTE KOFFERTJE?
HET KOFFERTJE MET DE RODE KNOP DIE ONS KERNWAPENARSENAAL BEDIENT.
EUH, IK WIST HELEMAAL NIET DAT...
CORRECT, ALLEEN IK EN DE KONING VAN DIT LAND ZIJN HIERVAN OP DE HOOGTE, EN AANGEZIEN U NU...
SNAPT U?
EUH, JA.
KLAP
ZODRA ONS LAND WORDT AANGEVALLEN HEBT U HET LAATSTE WOORD, U DRUKT OP DE KNOP, BEGREPEN?
JAMAAR IK...
IN HET KOFFERTJE BEVINDT ZICH OOK EEN TELEFOON, ALS DIE OVERGAAT VERTELT EEN STEM U WAT TE DOEN. LEVE DE KONING, LEVE BELGIË!
JAMAAR...
WAT EEN GEDOE, HOPELIJK KOMT HET NOOIT ZOVER DAT IK OP DIE KNOP MOET DR...
!
ALOO?
DE CREM HIER, HET IS AL ZOVER, VREEMDE MOGENDHEDEN HEBBEN ONS DE OORLOG VERKLAARD.
U MOET NU OP DE KNOP DRUKKEN!
JAMAAR...
NIKS TE MAREN, DRUKKEN!
DAT IK DIT NOG MOET MEEMAKEN.
HAHAHA, OPERATIE STINKBOM IS IN WERKING GETREDEN, HEEL HET PALEIS STINKT DE KOMENDE WEKEN NAAR ROTTE EIEREN! BEDANKT VOOR DE HULP, DE CREM.
ALLES VOOR EEN GOEIE MOP, MONSEIGNEUR.
PLOUF
?!
1/2

IK BEN ECHT BENIEUWD OM DE BABY VAN WILLIAM EN KATE TE ZIEN, JIJ OOK?
HMZZ, WATZZZ?
RYANAIR
ZEG, WAT SCHEELT ER? JE HEBT TIJDENS DE HELE VLUCHT NOG GEEN WOORD GEZEGD.
IK BEN DOODOP, DE TROONSOPVOLGING EN DE DRUKTE ERROND EISEN HUN TOL.
NOG EVEN VOLHOUDEN, JE BENT NU KONING, JE KUNT NOG JAREN UITRUSTEN.
THANKS FOR FLYING WITH RYANAIR.
RYANAIR
WE ZIJN ER.
ZZMM, HUH, WAT?
LONDON HOSPITAL
TAXI
iiiiiii
TOK TOK
KOEKOEK, GOED VOLK!
MATHILDE EN EUH, DINGSKE, WHAT A SURPRISE!
STORY
KIJK EENS, EEN CADEAUTJE VOOR ONS KLEINE PRINSJE.
EEN ATOMIUM IN LEGOBLOKJES EN EEN POP VAN MANNEKEN PIS.
HOW ORIGINAL.
WIL JE DE BABY EENS VASTHOUDEN?
LEGO
OOOOH, HOE SCHATTIG, DIT ROEPT EEN HELEBOEL HERINNERINGEN OP, NIET WAAR, CHÉRI?
CHÉRI?
OOOH, HIJ SLAAPT, HOE SCHATTIG.
ROOO! ZZZZ! ROOO
EUH, HIJ HEEFT TOCH ZIJN BOERTJE AL GELATEN?
1/3

MAMA, WANNEER GAAN WE DE KANGOEROES ZIEN?
NOG EVEN GEDULD LIEFJE.
HOEZO, ELISABETH EN IK MOGEN NIET SAMEN IN HETZELFDE VLIEGTUIG?
INSTRUCTIES VAN HOGERHAND MAJESTEIT, HET SPIJT ME.
AIR SYRIA
KLM
STEL DAT HET VLIEGTUIG NEERSTORT, DAN ZITTEN WIJ ZONDER KONING MAAR OOK ZONDER TROONOPVOLGSTER.
JAMAAR, DAT KAN TOCH ZOMAAR NIET!
TOCH WEL.
MAAR IK BEN DE KONING, IK NEEM MEE OP REIS WIE IK WIL!
IK ZIE DAT U NOG NIET ZOLANG KONING BENT, HELAAS HEBT U HIEROVER NIETS TE ZEGGEN
NOPPES.
BAM
MAAR WEES GERUST, ER GAAT EEN SPECIALE BEGELEIDSTER MEE DIE ERVOOR ZAL ZORGEN DAT ALLES VLOT VERLOOPT ZODAT JULLIE OP DE PLAATS VAN BESTEMMING HERENIGD WORDEN.
KLM
HOOR JE DAT ELISABETHJE, EEN HEEL AARDIGE MEVROUW GAAT HEEL DE REIS BIJ JOU BLIJVEN, TERWIJL MAMA EN PAPA...
?!
SNOK
NEE, IK WIL NIET ALLEEN VLIEGEN! IK GA NEERSTORTEN IK HEB HOOGTE-VREES! MATHILDE, HEEEELP!
KOM CROCODILE DUNDEE, 24UUR VLIEGEN, TWEE OVERSTAPPEN EN WE ZIJN ER.
BRUSSELS - SYDNEY
FLY EMIRA
14

DING DONG
OP PENSIOEN? VERGEET HET.
EUH, GOEIEDAG AGENT.
DAT VALT NOG MAAR TE BEZIEN.
IK HEB DEZE TWEE SNOTNEUZEN BETRAPT IN HET UITOEFENEN VAN BELLETJE TREK BIJ EEN HOOGBEJAARDE MEVROUW.
WAT VINDT U DAARVAN?
EUH.
IK VREES DAT IK EEN GAS-BOETE ZAL MOETEN UITSCHRIJVEN VOOR DEZE MISDAAD.
GAS?
POTVERDORIE, DIE GAS-BOETE IS NOG HOGER DAN MIJN GASFACTUUR!
BELLETJE TREK, EN DAN NOG WEL BIJ OUDE DAMES, EEN SCHANDE!
PFF, ZE WAS PAS NEGENTIG.
ZWIJG!
HOOR IK JULLIE NOG?!
IK HOUD DIE TWEE SNOTAPEN IN DE GATEN, DE ARM DER WET WAAKT.
WEES GERUST, DIE HEBBEN HUN LESJE WEL GELEERD.
ALS ER IETS IS WAAR IK NIET TEGEN KAN, DAN IS HET WEL HET PESTEN VAN BEJAARDEN.
ONGEHOORD EN RESPECTLOOS!
HÉ, EEN PORTEFEUILLE.
DE IDEALE MANIER OM MIJN KARIG MAANDLOON WAT TE SPIJZEN.
?
EEN NYLON DRAADJE AAN EEN LEGE PORTEFEUILLE EN DIE SNOTNEUS TRAPT DAAR NOG IN, HOE IS HET MOGELIJK!
MAAR JA, 'T IS DAN OOK EEN DOMME FLIK!
HAHAHAHA, WAT EEN IDIOOT!
PFFFRRRT!
6/53

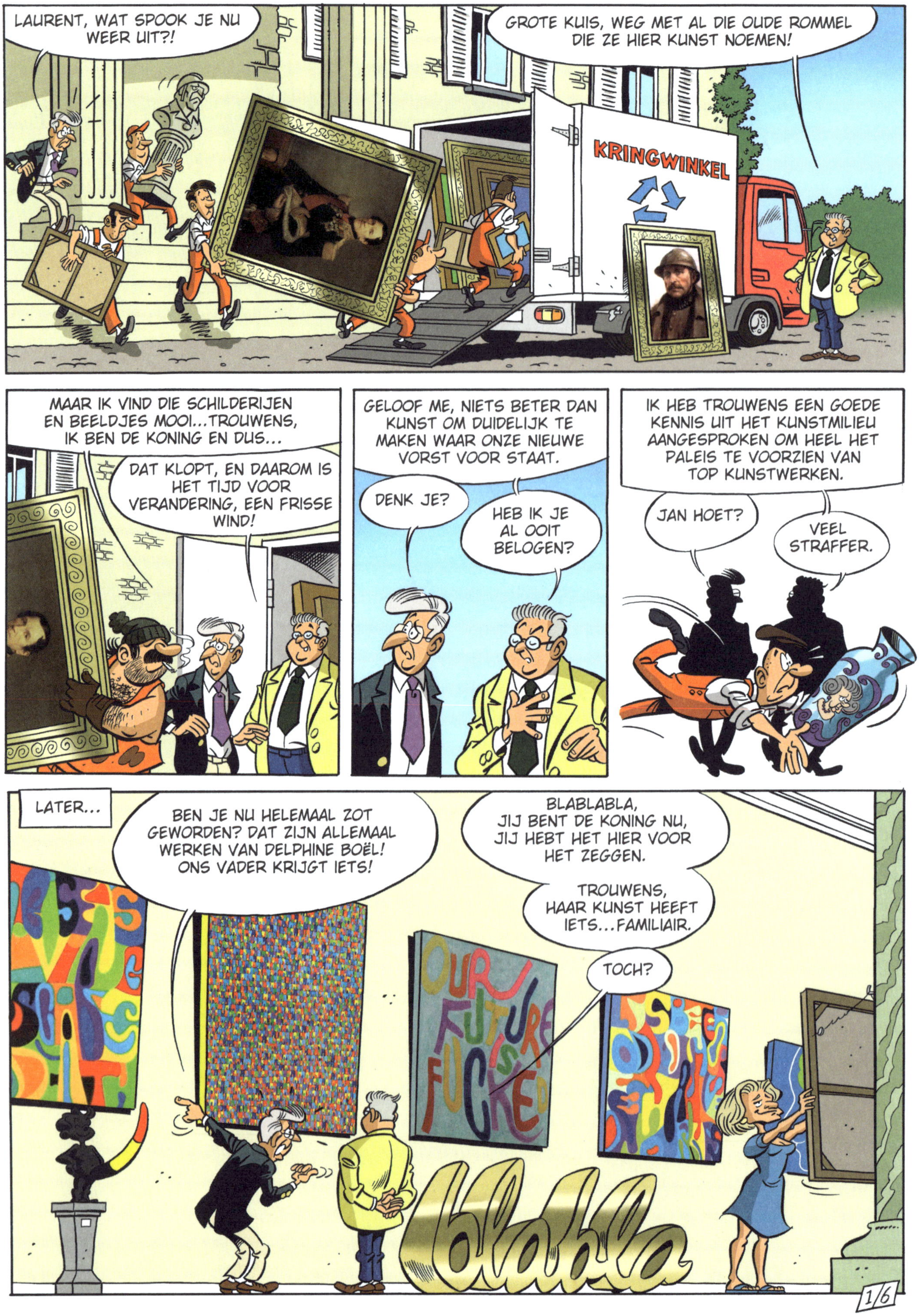
LAURENT, WAT SPOOK JE NU WEER UIT?!
GROTE KUIS, WEG MET AL DIE OUDE ROMMEL DIE ZE HIER KUNST NOEMEN!
KRINGWINKEL
MAAR IK VIND DIE SCHILDERIJEN EN BEELDJES MOOI... TROUWENS, IK BEN DE KONING EN DUS...
DAT KLOPT, EN DAAROM IS HET TIJD VOOR VERANDERING, EEN FRISSE WIND!
GELOOF ME, NIETS BETER DAN KUNST OM DUIDELIJK TE MAKEN WAAR ONZE NIEUWE VORST VOOR STAAT.
DENK JE?
HEB IK JE AL OOIT BELOGEN?
IK HEB TROUWENS EEN GOEDE KENNIS UIT HET KUNSTMILIEU AANGESPROKEN OM HEEL HET PALEIS TE VOORZIEN VAN TOP KUNSTWERKEN.
JAN HOET?
VEEL STRAFFER.
LATER...
BEN JE NU HELEMAAL ZOT GEWORDEN? DAT ZIJN ALLEMAAL WERKEN VAN DELPHINE BOËL! ONS VADER KRIJGT IETS!
BLABLABLA, JIJ BENT DE KONING NU, JIJ HEBT HET HIER VOOR HET ZEGGEN.
TROUWENS, HAAR KUNST HEEFT IETS... FAMILIAIR.
TOCH?
OUR FUTURE IS FUCKED
blabla
1/6

VTM DIE MIJ NIET VRAAGT OM MEE TE DOEN MET "DE GROTE SPRONG"...
EEN SCHANDE!
MAAR GOED, IK ZAL ZE ALSNOG MIJN C.V. BEZORGEN.
DAAR GAAN WE.
PERFECTE AFSPRONG.
DUBBEL GEHOEKTE GREG LOUGANIS SALTO.
EEN PERFECT UITGEVOERDE VIERDUBBELE SCHROEF.
EN TOT SLOT EEN ZESDUBBELE SALTO OM DAARNA...
... LOODRECHT IN HET WATER TE DUIKEN.
S...S...STAAT HET EROP?
JA HOOR, PRACHTIGE SPRONG, ALLEEN ZOU IK MIJN BRIL OPZETTEN VOOR WAT HET LANDEN BETREFT.

IK HEB BUIKPIJN.
IK OOK.
IK MOET ALTIJD HOESTEN.
KUCH KUCH!
IK HEB EEN VERSTOPTE NEUS.
SNIF!
IK HOOR HET AL, DE VAKANTIE IS NOG MAAR NET GEDAAN EN DE UITVLUCHTEN OM THUIS TE MOGEN BLIJVEN WORDEN WEER BOVENGEHAALD.
MAAR KIJK, IK HEB KOORTS.
DIT IS EEN BAROMETER, ELEONORE. EN HIJ STAAT OP SLECHT WEER ALS JULLIE NIET VOORTMAKEN.
TUUT TUUUT
WHEEE
IK WIL NIET NAAR SCHOOL, DE MEESTER KAN MIJ NIET UITSTAAN!
MIJ OOK NIET.
ONZIN.
DUURT DAT NOG LANG?!
BUS
ZIEZO, DAT VERLIEP VLOTJES.
WHEEEE
VROM
NU KOMT HET MOEILIJKSTE GEDEELTE VAN DE OCHTEND.
GOEIE MORGEN CHÉRI, OPSTAAN, HET IS TIJD VOOR DE VOLGENDE BLIJDE INTREDE IN ALWEER ÉÉN VAN ONZE PRACHTIGE STEDEN.
IK HEB BUIKPIJN.
GRIEP DENK IK.
OF ERGER.
1/8

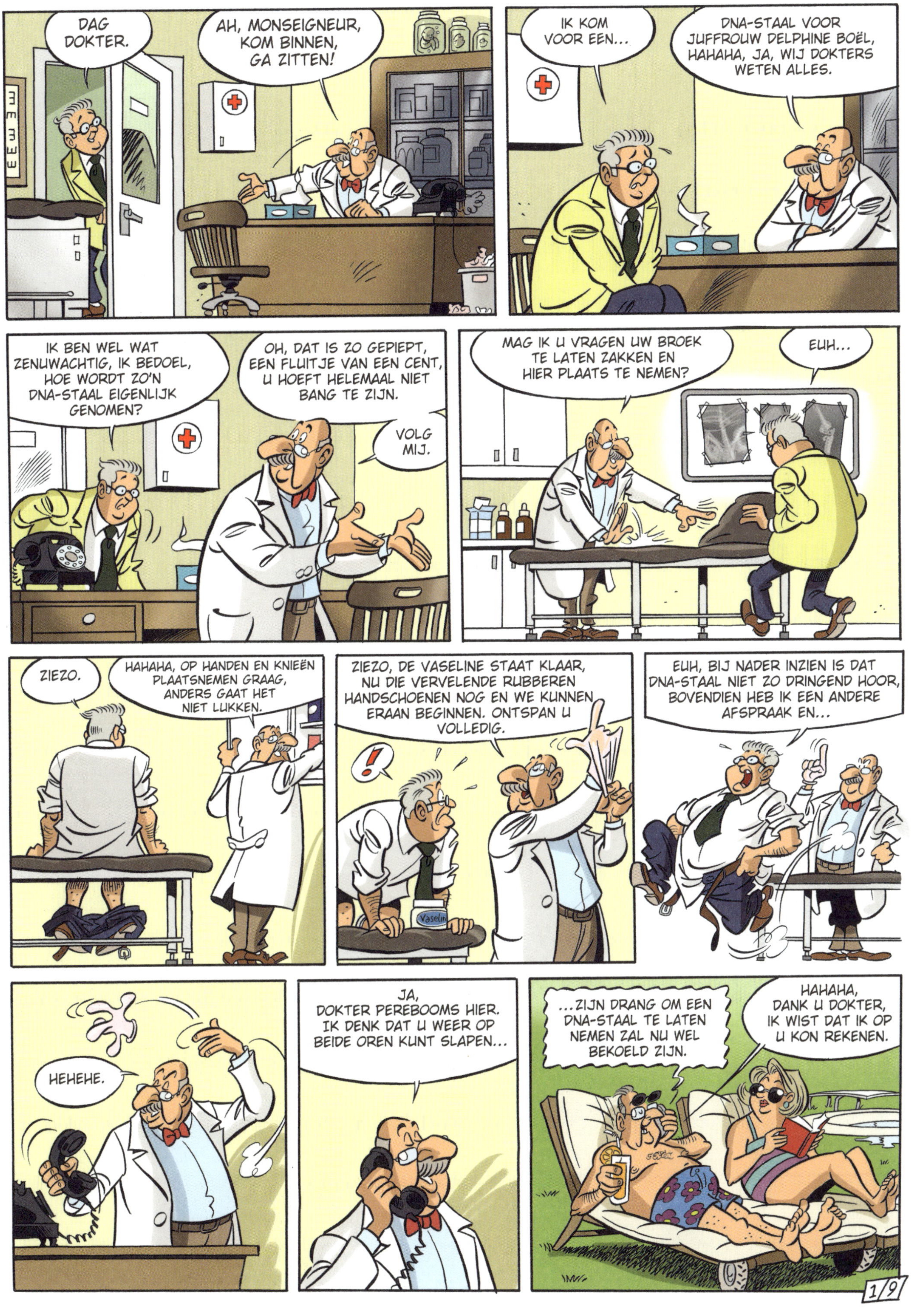
DAG DOKTER.
AH, MONSEIGNEUR, KOM BINNEN, GA ZITTEN!
IK KOM VOOR EEN...
DNA-STAAL VOOR JUFFROUW DELPHINE BOËL, HAHAHA, JA, WIJ DOKTERS WETEN ALLES.
IK BEN WEL WAT ZENUWACHTIG, IK BEDOEL, HOE WORDT ZO'N DNA-STAAL EIGENLIJK GENOMEN?
OH, DAT IS ZO GEPIEPT, EEN FLUITJE VAN EEN CENT, U HOEFT HELEMAAL NIET BANG TE ZIJN.
VOLG MIJ.
MAG IK U VRAGEN UW BROEK TE LATEN ZAKKEN EN HIER PLAATS TE NEMEN?
EUH...
ZIEZO.
HAHAHA, OP HANDEN EN KNIEËN PLAATSNEMEN GRAAG, ANDERS GAAT HET NIET LUKKEN.
ZIEZO, DE VASELINE STAAT KLAAR, NU DIE VERVELENDE RUBBEREN HANDSCHOENEN NOG EN WE KUNNEN ERAAN BEGINNEN. ONTSPAN U VOLLEDIG.
!
EUH, BIJ NADER INZIEN IS DAT DNA-STAAL NIET ZO DRINGEND HOOR, BOVENDIEN HEB IK EEN ANDERE AFSPRAAK EN...
HEHEHE.
JA, DOKTER PEREBOOMS HIER. IK DENK DAT U WEER OP BEIDE OREN KUNT SLAPEN...
...ZIJN DRANG OM EEN DNA-STAAL TE LATEN NEMEN ZAL NU WEL BEKOELD ZIJN.
HAHAHA, DANK U DOKTER, IK WIST DAT IK OP U KON REKENEN.
1/9

ZE LATEN EEN MENS OOK NOOIT MET RUST.
JE VEUX L'AMOUR
HALLO, MET LAURENT... WIE?...AAH, DE WEVER, ALLES GOED IN ANTWERPEN? NOG PLANNEN VOOR EEN STAATSGREEP? HAHAHA!
JA, LACH MAAR, IK ZIT HIER MET EEN ZOÖLOGISCH PROBLEEM WAAR IK JOUW HULP VOOR WIL INROEPEN. JIJ HOUDT TOCH VAN DIEREN, NIETWAAR?
JA HOOR, VOOR DIEREN DOE IK ALLES, ZOLANG HET WAT OPLEVERT NATUURLIJK.
WEES GERUST, IK ZORG VOOR EXTRA BUDGET UIT DE STADSKAS. IK ZOU DE KLUS ZELF KLAREN MAAR HELAAS HEB IK ER HET POSTUUR NIET MEER VOOR. JIJ DAARENTEGEN HEBT DE PERFECTE FYSIEK VOOR DE JOB.
EN BOVENDIEN ZETTEN WE DIE VRESELIJKE DI RUPO VOOR SCHUT. WAT DENK JE?
ZOALS U ZIET BESCHIKT DE ANTWERPSE ZOO AL OVER EEN REUZEPANDA NOG VOOR DIE AMATEURS UIT PARIDA..PARAI..PARIA.. EUH, DIE WAALSE ZOO ER MEE WILLEN UITPAKKEN.
KAN HIJ KUNG FU?
POEH, WARM ZO'N PANDAKOSTUUM.
MISSCHIEN OPSLAG VRAGEN.
NAAR DE APEN
KAÏ MOOK
KONYNEN
VLAAMSE PANDA
1/10

MAAR JIJ GAAT EEN GEWELDIGE KONING ZIJN TINO.
EN JIJ EEN GEWELDIGE KONINGIN.
DAT JIJ NAAR ZO'N ONNOZELHEID KUNT KIJKEN SNAP IK NIET.
IK VIND HET SCHOON.
SCHOON? IK LIJK WEL EEN HALFZACHTE IDIOOT IN DIE TV-REEKS.
KOM KOM, NIET OVERDRIJVEN TINO.
TINO!?
NOG ZOIETS, WAAR HALEN ZE HET? JIJ NOEMT MIJ NOOIT TINO!
IK VIND HET WEL IETS HEBBEN, BETER DAN SCHEETJE.
DIE SERIE ZIT VOL ONWAARHEDEN, ONZE FILIP LIJKT WEL EEN PAPKIND DAT VOOR HET MINSTE IN HUILEN UITBARST.
EN LAURENT WORDT AFGESCHILDERD ALS EEN ROKKENJAGENDE NIKSNUT DIE OP KOSTEN VAN DE BELASTINGBETALER KAN DOEN EN LATEN WAAR HIJ ZIN IN HEEFT!
GEEN COMMENTAAR.
DAN DIE PRUIK VAN DE ACTRICE DIE JOU SPEELT, NET EEN HOOIMIJT.
DIE VALSE NEUS VAN JOUW ACTEUR IS NOCHTANS ZEER LEVENSECHT.
HEEL GRAPPIG, IK GA SLAPEN. KOM JE?
IK KOM DADELIJK TINOOTJE, HIHIHI.
GRMMBL, HEEL DE FAMILIE STAAT VOOR SCHUT IN DIE SERIE EN NIEMAND DIE ER ZICH WAT VAN AANTREKT.
GELUKKIG HEEFT FABIOLA NOG NIET GEKEKEN, VAN HAAR HEBBEN ZE DE BOZE HEKS VAN HET PALEIS GEMAAKT.
AKKOORD, DAAR ZIT EEN GROND VAN WAARHEID IN MAAR...
ALBERT!
?
NOG EEN TASJE SOEP VOOR HET SLAPENGAAN?
KRAA
1/11

NOG EVEN VOLHOUDEN MATHILDE, ER IS HULP ONDERWEG.
DING DONG
SNEL!
MEVROUW DE BLOCK, WELKOM.
MOMENTJE, IK DOE DE DUBBELE DEUR OPEN VOOR U.
MAJESTEIT, DAT IS TE VEEL EER, IK BEN TOCH GEEN ROMEINSE KEIZERIN.
IK HEB VOOR DE GELEGENHEID EEN TAARTJE MEEGEBRACHT.
KLIK
GEZELLIG. EN, VERTEL EENS, HOE GAAT HET MET UW ASIELBELEID?
PERFECT, MIJN KABINET EN IK HEBBEN ALLES ONDER CONTROLE, SIRE.
NEEMT U DE TWEEZIT MAAR HOOR.
EEN VOGELTJE HEEFT MIJ IN HET OOR GEFLUISTERD DAT U EEN AFGHAANSE LOODGIETER HEBT UITGEWEZEN.
INDERDAAD, TENZIJ HET PATISSERIEBAKKERS OF FRITURISTEN ZIJN, VLIEGEN ZE ALLEMAAL BUITEN, HAHAHA!
TOCH EEN KNELPUNTBEROEP, LOODGIETER. DENKT U NIET DAT WE DIE MAN HIER HADDEN KUNNEN GEBRUIKEN? IK BEDOEL...
SSSLURRP
ALLEMAAL CHANTAGE SIRE, GELOOF MIJ, ALLEMAAL OPGEZET SPEL. MAAR WEES GERUST, IK LOS DAT WEL OP.
AHA, DAT TREFT. KUNT U ME DAN EVEN NAAR DE KEUKEN VOLGEN?
HMPF, NATUURLIJK, GRMPF, NAAST DE EETKAMER, GROMPF, IS DE KEUKEN MIJN FAVORIETE PLEK.
MAAR EERST WIL IK U ALS BLIJK VAN UW TOEWIJDING NOG EVEN DIT GESCHENK OVERHANDIGEN. HET ZAL VAN PAS KOMEN.
EUH, DANK U.
EKEN
WIJ ZIJN AL MAANDEN OP ZOEK NAAR EEN LOODGIETER, VROEGER HADDEN WE JEAN-LUC DEHAENE MAAR NU...
U LOST DAT WEL OP, VERMOED IK?
1/12

LAURENT?
HMM.
WAT TROK JE DESTIJDS EIGENLIJK ZO AAN IN DIE WENDY VAN WANTEN?
EUH...
WAS HET HAAR PRACHTIGE ZANGSTEM?
HAAR STEM? NEE, NIET ECHT.
HAAR CAPACITEITEN ALS PRESENTATRICE DAN?
OOK NIET.
HAAR INTELLIGENTIE DAN?
HAHAHA, BEN JE GEK?
HAAR BV-STATUS DAN?
MAAR NEE, IK HAD ZO MIJN REDENEN.
WELKE DAN?
WEL, NOEM HET DEZELFDE TWEE REDENEN WAAROM IK LIEVER HET WEERBERICHT MET SABINE HAGEDOREN ZIE DAN MET FRANK DEBOOSERE.
TWEE REDENEN?
EN OF.
PFF, IK VIND MIJN OGEN VEEL MOOIER DAN DIE VAN DIE WENDY.
?
1/13

DUS U HEBT NOG NOOIT TEGEN EEN BAL GETRAPT, OOK NIET TOEN U KLEIN WAS?
NEE, NONKEL BOUDEWIJN HEEFT MIJ ALLES GELEERD, BEHALVE VOETBALLEN. WEL BILJARTEN.
MAAR NU IK DE AFTRAP MOET GEVEN OP DE VOLGENDE WEDSTRIJD VAN DE RODE DUIVELS, VOND IK EEN SNELCURSUS DOOR DE GROTE JEAN-MARIE PFAFF WEL OP ZIJN PLAATS!
ALS 'EL SYMPATICO' VAN ZIJNE MAJESTEIT GEEN TOPVOETBALLER KAN MAKEN, EET IK DE BASKETBALSLOEFKES VAN ONZE SAM OP.
ZIJNE MAJESTEIT HEEFT WEL VEEL LAST VAN MOLLEN.
ZEG DAT WEL, DAT ZWARTE MORMEL IS NIET KLEIN TE KRIJGEN.
13
IK HAD HEM VORIGE WEEK GEVANGEN EN LEVEND BEGRAVEN, MAAR HIJ IS NIET KAPOT TE KRIJGEN.
OKÉ, IK BEN ER KLAAR VOOR!
KOM MAAR OP, ICH HABE MEINEN BLAUWEN HÖSEN AANGETROKKEN!
SPUT.
?!
!
TJOUMP
MARTINI
KRAK
PLAF
AHA, MENEER KOMPANY. TJA, IK ZOU HIER DE AFTRAP GEVEN, MAAR IK HEB LAST VAN EEN VOETBALBLESSURE. MENISCUS, GEWRICHTSBANDEN, HAMSTRINGS, ENFIN, ALS COLLEGA'S ONDER ELKAAR BEGRIJPT U DAT WEL.
HOLA, GEEN SIMPELE BLESSURE!
EN HIJ BLIJFT LACHEN, WAT EEN KEREL!
NAAR 'T SCHIJNT WAS HIJ EEN TOPVOETBALLER IN ZIJN JEUGD.
ZOU HIJ TRUITJES WILLEN WISSELEN?
ZIJN TANTE IS VAN SPAANSE BLOEDE.
DAT VERKLAART VEEL.
OH, DIERBAAR BELGIË
1/14

BAH, EIND OKTOBER, DE ELLENDIGSTE, MEEST DEPRESSIEVE PERIODE VAN HET JAAR.
HET VALLEN VAN DE BLADEREN.
DE KLOK GAAT WEER VAN ZOMER- NAAR WINTERTIJD.
HET IS NOG DONKER ALS IK NAAR MIJN WERK GA.
EN HET IS OPNIEUW DONKER ALS IK THUIS KOM.
!?
DAT ONTBRAK ER NOG AAN.
AAN ELKE VOORDEUR LIGT DEZER DAGEN WEER ZO'N IDIOTE POMPOEN!
IK HAAT POMPOENEN, IK HAAT POMPOENSOEP, IK HAAT GRIEZELFILMS, IK HAAT HALLOWEEN!
IK HAAT HET!
DIE MISBAKSELS LIGGEN OVERAL IN DE WEG, MAAR NIET VOOR LANG MEER!
BUNK
MAAR SCHAT, JE WEET TOCH DAT IK DIE STENEN POMPOEN GEKOCHT HEB. HIER, EEN LEKKER KOMMETJE ZELFGEMAAKTE POMPOENSOEP ZAL JE OPKIKKEREN.
HALLOWEEN III
1/15

DINGDONG
WIE HEEFT MIJ NU WEER NODIG?
AH NEE! GEEN GETUIGEN VAN JEHOVA MEER, JULLIE WAREN HIER GISTEREN AL!
SSST SIRE, IK BEN HET.
DE CREM? WAAROM DIE VERMOMMING?
IK KOM NET TERUG VAN HET WITTE HUIS WAAR IK VERMOMD ALS TOERIST EEN RONDLEIDING MEEMAAKTE.
ZOALS U WEET WORDEN WE AFGELUISTERD DOOR DE AMERIKAANSE GEHEIME DIENSTEN.
AH BON?
DAAROM GEVEN WE ZE NU EEN KOEKJE VAN EIGEN DEEG. TIJDENS DIE RONDLEIDING HEB IK STIEKEM EEN BABYFOON ACHTERGELATEN IN 'THE OVAL OFFICE', HET BUREAU VAN OBAMA.
WAT ZEGT U DAARVAN?
HM.
KRRR KRR
IK ZEG DAT U NIET VEEL GAAT ONTVANGEN, DE BABYFOON STAAT OP 'ZENDEN' IN PLAATS VAN 'ONTVANGEN'. LEER MIJ GEEN BABYFOONS KENNEN.
HOE? MAAR...
KRRR KRR
MAAR NU U HIER TOCH BENT, WIL IK HET MET U OVER EEN ANDERE NETELIGE KWESTIE HEBBEN DIE ONS LAND EN ZIJN BEVOLKING BEZIGHOUDT.
HM?
U HEBT WAARSCHIJNLIJK OOK AL VERNOMEN DAT MEN DE ROL VAN 'ZWARTE PIET' IN VRAAG BEGINT TE STELLEN, VERMOED IK?
DUS ALS IK HET GOED BEGRIJP IS DEZE KNOP VOOR ZENDEN EN...
WE MOETEN DIE GERUCHTEN EEN HALT TOEROEPEN DE CREM, ZWARTE PIET IS EEN DEEL VAN ONS ALLEMAAL, WAT ZOU SINTERKLAAS ZIJN ZONDER ZWARTE PIET EN...
MAAR DAT BETEKENT DUS DAT WIJ...!
DE CREM, HOORT U WEL WAT IK ZEG!?
SSST SIRE, DE MUREN HEBBEN OREN.
YES WE CAN!
WAT BEDOELEN ZE TOCH MET DIE 'ZWARTE PIET'?
ÉÉN OF ANDER CODEWOORD?
IK DENK DAT ZE U BEDOELEN MISTER PRESIDENT.
VALLEN WE AAN?
1/16

ZOTHUIS!
DING DONG
WAT ZAL'T NU WEER ZIJN?
TOMBOLA VAN DE BOERINNENBOND?
!?
KOEKOEK! HAHAHA, DIT HAD U WAARSCHIJNLIJK NIET VERWACHT, KLOPT?
EUH...
EVEN VOORSTELLEN: BOB SCHOENZOOL VAN DE FIRMA DOUBLE TROUBLE, GESPECIALISEERD IN MECHANISCHE DUBBELGANGERS DIE HET LEVEN VERGEMAKKELIJKEN.
EEN ROBOT?
VEEL MEER DAN DAT, DE "KING-PRO 2000" IS IN STAAT OM ALLES WAAR EEN KONING TEGENOP KIJKT IN ZIJN PLAATS OP TE KNAPPEN, HANDELSMISSIES, VERVELENDE BEZOEKJES...
DAAR HEB IK LAURENT EN ASTRID VOOR.
KLOPT, MAAR SOMS MOET EEN KONING ZICH TOCH ONDER ZIJN VOLK BEGEVEN EN DAN...
RATATATATATATA
DE KING-PRO 2000 IS UITGERUST MET EEN BULLETPROOF, GEPANTSERDE TOPLAAG. HIJ KAN DUS IN UW PLAATS GEVAARLIJKE GEBIEDEN BEZOEKEN.
AFGHANISTAN...
SYRIË...
ANTWERPEN.
TONC TONC TONC
MAAR HIJ KAN OOK INGEZET WORDEN ALS STAND-IN BIJ SAAIE POLITIEKE MEETINGS, HIJ SCHUDT HANDJES ALS DE BESTE EN HET OEVERLOOS GEZWETS VAN POLITICI DEERT HEM TOTAAL NIET.
IK HEB EEN VRAAGJE.
KAN HIJ MIJ OOK VERVANGEN ALS ZW ZW ZW ZW ZW
!?
HMM, NOG NIET GETEST MAAR OOK DAT MOET LUKKEN, DE KING-PRO 2000 IS TOT ALLES IN STAAT.
EN MET ALLES, BEDOEL IK OOK ALLES!
OOOOH FILIHP! JAJAAAAH NIET STOPPEN TIJGER!
GEWELDIG, MATHILDE IS CONTENT EN IK KAN RUSTIG SLAPEN ZONDER TE DOEN ALSOF IK KOPPIJN HEB.
1/17

ITALIE IS TOCH PRACHTIG, NIETWAAR?
LEUK DAT PAPA ONS UITGENODIGD HEEFT VOOR EEN TOCHTJE MET ZIJN JACHT LANGS DE ITALIAANSE KUST.
PWEET
KIJK UIT!
KIJK UIT!
IIIIIIIIIII
IIIII
LAURENT?! WAT DOE JIJ HIER?
DAT KUNNEN WE OOK AAN JULLIE VRAGEN.
WIJ ZIJN UITGENODIGD OP HET KONINKLIJKE JACHT.
DAT IS TOEVALLIG, WIJ OOK.
FILIP!? LAURENT!?
!
ASTRID!? LORENZ!?
VROM PET PET
ASTRID? ZEG NU NIET DAT JULLIE OOK UITGENODIGD ZIJN VOOR EEN TOCHTJE MET PAPA'S JACHT.
HOE WEET JIJ DAT?
UN-GLAUBLICH.
HM, VREEMD, IK VRAAG ME AF WAAROM PAPA ZICH MET ZIJN FAMILIE WIL OMRINGEN.
IK DACHT ECHT DAT WE DOOR DIE VERMINDERDE DOTATIE ONZE HEERLIJKE BOOTTOCHTJES OP ONZE KONINKLIJKE BUIK KONDEN SCHRIJVEN, TINO.
HAHAHA, MAAR NEE.
IK ZEG ALTIJD: "JE MOET ROEIEN MET DE RIEMEN DIE JE HEBT."
HIHIHI! TINO, JE BENT ZO GRAPPIG.
BOM BOM BOM
VOORUIT, LUILAKKEN! KAPITEIN ALBERT WIL OP TIJD THUIS ZIJN VOOR HET ETEN. SNELLER ROEIEN!
BOM BOM
1/18

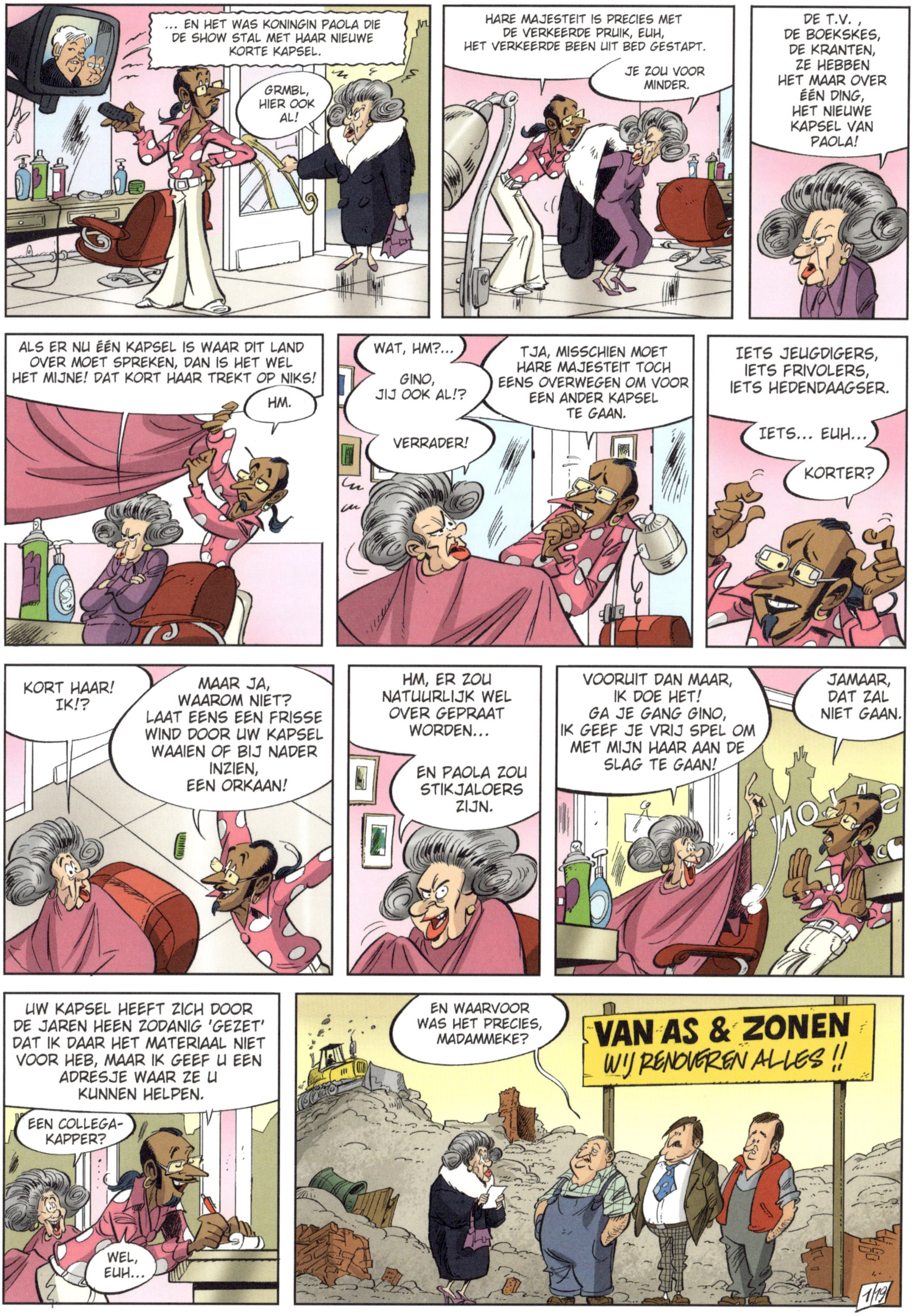
... EN HET WAS KONINGIN PAOLA DIE DE SHOW STAL MET HAAR NIEUWE KORTE KAPSEL.
GRMBL, HIER OOK AL!
HARE MAJESTEIT IS PRECIES MET DE VERKEERDE PRUIK, EUH, HET VERKEERDE BEEN UIT BED GESTAPT.
JE ZOU VOOR MINDER.
DE T.V. , DE BOEKSKES, DE KRANTEN, ZE HEBBEN HET MAAR OVER ÉÉN DING, HET NIEUWE KAPSEL VAN PAOLA!
ALS ER NU ÉÉN KAPSEL IS WAAR DIT LAND OVER MOET SPREKEN, DAN IS HET WEL HET MIJNE! DAT KORT HAAR TREKT OP NIKS!
HM.
WAT, HM?...
GINO, JIJ OOK AL!?
VERRADER!
TJA, MISSCHIEN MOET HARE MAJESTEIT TOCH EENS OVERWEGEN OM VOOR EEN ANDER KAPSEL TE GAAN.
IETS JEUGDIGERS, IETS FRIVOLERS, IETS HEDENDAAGSER.
IETS... EUH...
KORTER?
KORT HAAR! IK!?
MAAR JA, WAAROM NIET? LAAT EENS EEN FRISSE WIND DOOR UW KAPSEL WAAIEN OF BIJ NADER INZIEN, EEN ORKAAN!
HM, ER ZOU NATUURLIJK WEL OVER GEPRAAT WORDEN...
EN PAOLA ZOU STIKJALOERS ZIJN.
VOORUIT DAN MAAR, IK DOE HET! GA JE GANG GINO, IK GEEF JE VRIJ SPEL OM MET MIJN HAAR AAN DE SLAG TE GAAN!
JAMAAR, DAT ZAL NIET GAAN.
UW KAPSEL HEEFT ZICH DOOR DE JAREN HEEN ZODANIG 'GEZET' DAT IK DAAR HET MATERIAAL NIET VOOR HEB, MAAR IK GEEF U EEN ADRESJE WAAR ZE U KUNNEN HELPEN.
EEN COLLEGA-KAPPER?
WEL, EUH...
EN WAARVOOR WAS HET PRECIES, MADAMMEKE?
VAN AS & ZONEN
WIJ RENOVEREN ALLES !!
1/19

EINDELIJK, HET IS ZOVER, JOEPIE!
!?
NIKS, NADA, NOPPES, NOTHING!? ZELFS GEEN MANDARIJNTJE, IK SNAP ER NIETS VAN.
CIGARO
HIJ HEEFT ZELFS ZIJN SIGAARTJE NIET OPGEROOKT, ZWARTE PIET HEEFT ZIJN BIERTJE NIET UITGEDRONKEN EN OOK DE WORTEL VOOR ZIJN SCHIMMEL IS NOG HEEL.
VREEMD, SNEL LAURENT BELLEN.
HALLO LAURENT, FILIP HIER. ZEG, WAT IK JE WILDE VRAGEN, IS DE SINT BIJ JOU GEWEEST?
NEE, IK HAD EEN NIEUWE FERRARI GEVRAAGD ZOALS IEDER JAAR, MAAR NOPPES! EN IK BEN NOCHTANS HEEL HET JAAR BRAAF GEWEEST.
SINT
VREEMD, HEEL VREEMD. WAAR ZOU DIE OUDE BAAS TOCH UITHANGEN?
CLIC
DIT IS EEN SCHANDE, IK BEN GEEN MENSENSMOKKELAAR! DAT ZIJN MIJN KNECHTEN EN...
KNECHTEN? SLAVEN DIE IN EEN GAMMEL STOOMBOOTJE HET GELUK ZOEKEN ZULT U BEDOELEN?
MEVROUW DE BLOCK, HET RUIM ZIT VOL MET GESMOKKELD SPEELGOED UIT CHINA!
HIER STAAT ZELFS EEN PAARD!
POLITIE
POLITI
1/20

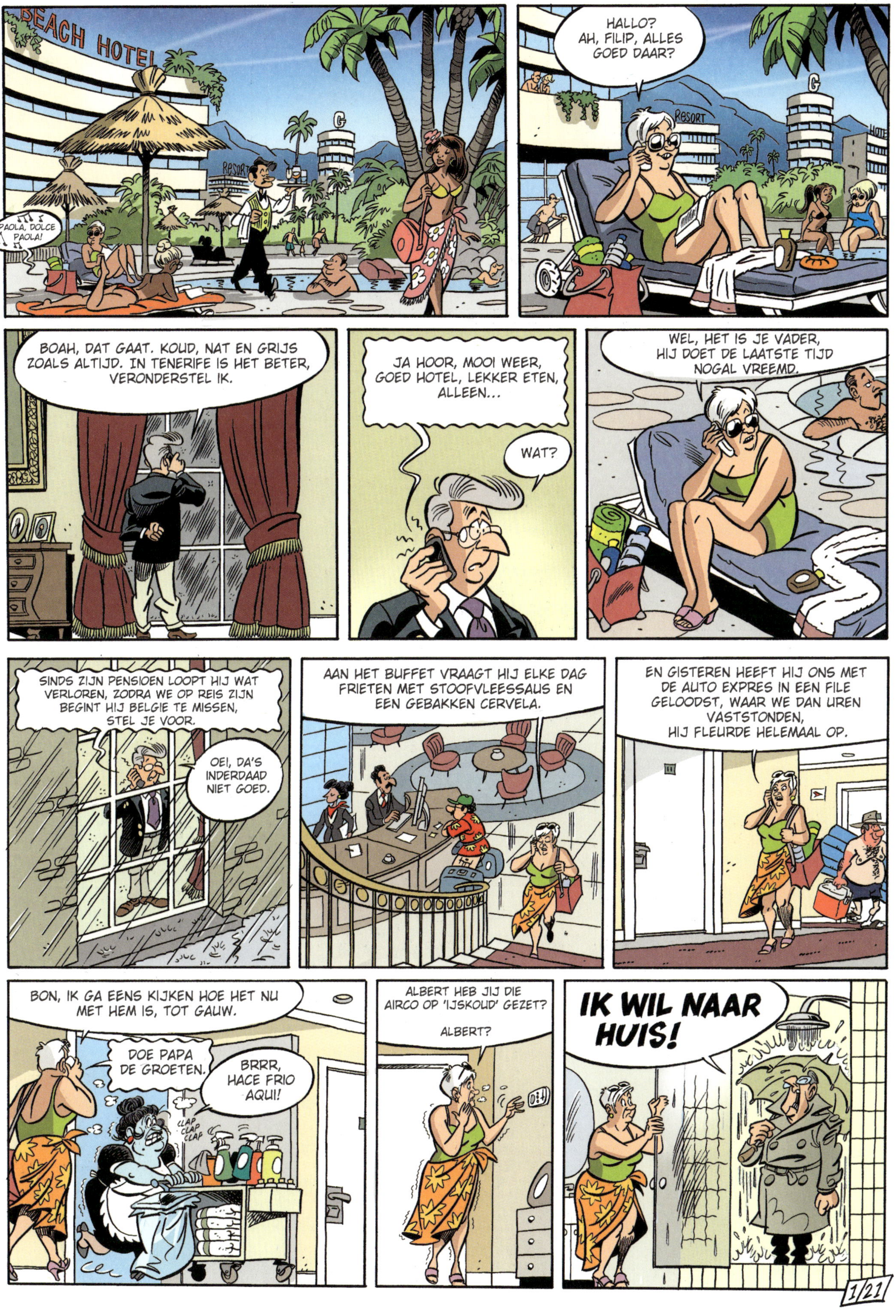

BEACH HOTEL
PAOLA, DOLCE PAOLA!
RESORT
HALLO? AH, FILIP, ALLES GOED DAAR?
RESORT
BOAH, DAT GAAT. KOUD, NAT EN GRIJS ZOALS ALTIJD. IN TENERIFE IS HET BETER, VERONDERSTEL IK.
JA HOOR, MOOI WEER, GOED HOTEL, LEKKER ETEN, ALLEEN...
WAT?
WEL, HET IS JE VADER, HIJ DOET DE LAATSTE TIJD NOGAL VREEMD.
SINDS ZIJN PENSIOEN LOOPT HIJ WAT VERLOREN, ZODRA WE OP REIS ZIJN BEGINT HIJ BELGIE TE MISSEN, STEL JE VOOR.
OEI, DA'S INDERDAAD NIET GOED.
AAN HET BUFFET VRAAGT HIJ ELKE DAG FRIETEN MET STOOFVLEESSAUS EN EEN GEBAKKEN CERVELA.
EN GISTEREN HEEFT HIJ ONS MET DE AUTO EXPRES IN EEN FILE GELOODST, WAAR WE DAN UREN VASTSTONDEN, HIJ FLEURDE HELEMAAL OP.
BON, IK GA EENS KIJKEN HOE HET NU MET HEM IS, TOT GAUW.
DOE PAPA DE GROETEN.
BRRR, HACE FRIO AQUI!
CLAP CLAP CLAP
ALBERT HEB JIJ DIE AIRCO OP 'IJSKOUD' GEZET?
ALBERT?
IK WIL NAAR HUIS!
1/21

WAT? ZO VEEL? WEET U WEL MET WIE U SPREEKT?
JA, DAAROM JUIST, HAHAHA!
BLOEDZUIGERS!
WAT SCHEELT ER BROERTJE?
KLAK
IK WIL EEN LIJFWACHT INHUREN OM ONS ELISABETHJE TE BESCHERMEN NA HET DREIGEMENT DAT ZE HAAR WILLEN ONTVOEREN.
JA, EN?
DE PRIJZEN VAN DIE KERELS ZIJN RONDUIT BELACHELIJK!
HMM, IK BEGRIJP HET.
NIET GETREURD, IK ZAL ELISABETHJE BESCHERMEN ALSOF ZE MIJN EIGEN DOCHTER WAS.
MEEN JE DAT? LAURENT, JIJ BENT DE BESTE BROER DIE...
AAN 50% VAN DE NORMALE PRIJS UITERAARD.
IN HET ZWART.
GRM, IK HAD HET KUNNEN DENKEN. MAAR GOED, JE BENT AANGENOMEN.
TOP! ZO TERUG!
ELISABETHJE, KOM JE?
EVEN MIJN BODYGUARD-PAK AANGETROKKEN.
HET IS TIJD VOOR DAT VERJAARDAGSFEESTJE. NONKEL LAURENT ZAL JE BEGELEIDEN EN...
WAAROM? IK KAN BEST OP MEZELF PASSEN.
GEEN VRAGEN STELLEN, MEISJE. ZO GAAT DAT MET TOEKOMSTIGE KONINGINNEN.
WEES GERUST, ZO'N MEISJESFEESTJE IS EEN MAKKIE.
IK WIL GEEN KONINGIN WORDEN.
EEN UURTJE LATER...
WAT NU WEER?
DIDELIIIDELIII
'T PALIETERKE
HALLO, LAURENT? WAT SCHEELT ER? ER IS TOCH NIETS MET...
NEE, ALLES OKÉ MAAR...
IK WIL OPSLAG!
1/22

EN TOCH VIND IK HET JAMMER.
WAT?
DAT WE DIT JAAR GEEN ECHTE KERSTBOOM HEBBEN, MAAR EEN VAN PLASTIC.
BEGIN WEER NIET FILIP, IK VIND DEZE BOOM VEEL MOOIER DAN EEN ECHTE.
GEEF TOE, EEN ECHTE BOOM BRENGT VEEL MEER SFEER IN HUIS.
EN VEEL MEER NAALDEN, EN WIE KAN DIE ALLEMAAL OP-STOFZUIGEN? INDERDAAD, IK!
PFF, WE KRIJGEN AL GEEN WITTE KERST EN NU OOK AL GEEN ECHTE KERSTBOOM MEER.
HIER, ZAGEVENT, JIJ MAG DE PIEK OP DE TOP ZETTEN.
AMAI, DIE BOOM IS NIET ALLEEN VAN PLASTIC MAAR OOK VEEL TE HOOG.
NOG EEN KLEIN STUKJE.
!!
AAAAAAAA
KRAA
BAM
LATER...
DOET HET NOG PIJN, PAPA?
ALLEEN ALS IK 'STILLE NACHT' ZING.
DUS U RAADT AAN OM HEM HIER TE LATEN LIGGEN.
ZEKER TOT EN MET DRIEKONINGEN, HOE MINDER WE HEM MOBILISEREN, HOE BETER.
GEEN ECHTE KERSTBOOM, MAAR WEL EEN ECHT KERSTEKINDJE.
MOET HIJ EEN BRIEFJE VOOR 'T WERK HEBBEN?
1/23

Kerstboodschap van zijne majesteit Koning Filip I
WAARDE LANDGENOTEN.
DE TIJD VLIEGT, ER IS ALWEER EEN ZEER BEWOGEN JAAR VOORBIJ GEVLOGEN, EN WAT VOOR EEN JAAR.
IN NEW YORK KWAMEN DE TWIN TOWERS NAAR BENEDEN NA EEN LAFFE TERRORISTISCHE AANVAL...
..OP IJSLAND BARSTE EEN VULKAAN MET EEN ONUITSPREEKBARE NAAM UIT EN LEGDE HET LUCHTVERKEER LAM, DICHTER BIJ HUIS HADDEN WE DE DIOXINE CRISIS.
MAAR ER WAREN OOK MOOIE MOMENTEN, SLUUURP.
ZO WERD ER IN ONZE EIGEN ANTWERPSE ZOO HET OLIFANTJE KAI MOOK GEBOREN, EN WERD TOM BOONEN WERELDKAMPIOEN!
ONZE LANDGENOOT FRANK DEWINNE DRAAIDE DAN WEER RONDJES ROND DE AARDE.
HOPELIJK WORDT HET KOMENDE JAAR EVEN MOOI ALS HET VOORBIJE JAAR, DE KONINGIN EN IK WENSEN U ALVAST AL HET BESTE VOOR 2014.
GENIALE KERSTBOODSCHAP, ZELF GESCHREVEN?
ONGEVEER, IK HEB GEWOON DE BESTE STUKKEN UIT PAPA'S KERSTBOODSCHAPPEN VAN DE VOORBIJE JAREN IN EEN TEKST GEGOTEN, GEEN KAT DIE DAT MERKT.
1/24

BEUHRK!
HUUURL!
RUUUHRL
HUHUHOUUUUUUU
BWARK
BWERK
BWÊÊRK!
BEUUUHRRLL
BEUH... JE HEBT GELIJK DE CREM, ONZE F16'S ZIJN KLAAR VOOR DE SCHROOTHOOP...BWERK... JE WORDT ER ZO MISSELIJK ALS EEN GARNAAL IN...BEUH!
...ANDER EN BETER!
BAH!
U HEBT GEHOORD WAT ZIJNE MAJESTEIT BESLIST HEEFT, SCHRIJF OP: 40 GLOEDNIEUWE F16 STRAALJAGERS!
IK STUUR DE BESTELLING DOOR MENEER DE MINISTER.
2
3
1/25

BEDANKT OM MIJ VAN DIE SPULLEN AF TE HELPEN DE CREM, IK HEB ZE HELAAS NIET KUNNEN GEBRUIKEN OP OUDEJAARSNACHT.
U BENT BEDANKT, SIRE, U BENT UITERST GENEREUS.
ONZE JONGENS IN AFGHANISTAN ZULLEN IN HUN NOPJES ZIJN!
ZEG NIET DAT HET VAN MIJ KOMT, IK WIL GEEN GASBOETE VAN DE AFGHAANSE AUTORITEITEN.
IK ZWIJG ALS HET GRAF VAN DE ONBEKENDE SOLDAAT, SIRE.
VROOOM
DAT GAAT DAAR EEN PITTIG NIEUWJAARSFEESTJE WORDEN, WELISWAAR WAT NA DE FEITEN, MAAR TOCH.
PSSSHHH
FFSSSHHH
BIJ DE BAARD VAN DE PROFEET, WEER EEN NIEUW SOORT WAPEN!
SCHANDALIG, IK BEL MORGEN NAAR DE CONVENTIE VAN GENEVE!
RARE JONGENS, DIE BELGEN!
1/26

DAT IS DAN AFGESPROKEN MEVROUW DE BLOCK, U ZET UW ASIELBELEID RUSTIG VERDER.
IK BEN BLIJ DAT WE OP DEZELFDE LIJN ZITTEN MAJESTEIT, OP MIJ KUNT U REKENEN.
O, VOOR IK HET VERGEET, IK HEB NOG EEN CADEAUTJE MEE VOOR HARE MAJESTEIT, DE KONINGIN.
DAT HAD U TOCH NIET MOETEN DOEN.
ACH, IK LIJK DAN WEL EEN HARDE TANTE, MAAR ALS IK IEMAND EEN PLEZIER KAN DOEN...
NU MAAKT U ME WEL BENIEUWD HOOR.
SINDS IK ENKELE KILO'S VERMAGERD BEN, PUILT MIJN KLEERKAST UIT MET SPULLETJES DIE TE GROOT ZIJN VOOR MIJ MAAR VOOR HARE MAJESTEIT ZITTEN ZE VAST ALS GEGOTEN.
GLP!
ZE ZIJN ZO GOED ALS NIEUW EN ALLEMAAL TOPMERKEN, ZEEMAN, WIBRA, NOEM MAAR OP.
SLIK!
EUH, BEDANKT, ZE ZAL ENORM, EUH, VERRAST ZIJN.
GRAAG GEDAAN, WIJ VROUWEN MET EEN MAATJE MEER MOETEN ELKAAR HELPEN.
ALS IK DIT AAN MATHILDE GEEF, SLAAP IK DRIE WEKEN OP DE ZETEL, DAT STAAT VAST.
CHAUFFEUR, SCHUIF OP!
GRAASH
SNEL NAAR HET CONTAINERPARK ERMEE.
OF WACHT EENS EVEN.
UNITED NATIONS REFUGEE CAMP
UN
SERGEANT, WAAR KOMEN DIE VREEMDE TENTEN VANDAAN?
EEN SCHENKING VAN HET BELGISCH KONINGSHUIS, HANDIGE DINGEN, ER KUNNEN TOT VIJFENTWINTIG AFGHAANSE VLUCHTELINGEN IN.
1/27

HIJ KOMT! HIJ KOMT!
SORRY ELIO, MAAR SINTERKLAAS IS AL LANG TERUG NAAR SPANJE HOOR.
MAAR NEE, NIET SINTERKLAAS, IIK HEB HET OVER...
BARACK OBAMA ¡¡¡¡¡¡¡¡¡
OH, DIE.
OEWAT EEN MAN, OEWAT EEN UITSTRALING, OEWAT EEN LICHAAM, OEWAT EEN...
OEWAT EEN GEDOE EN WIE GAAT HEEL DAT FEESTJE WEER BETALEN?
INDERDAAD, DE BELASTINGBETALER.
MAJESTEIT, ALS HOOFD VAN DE REGERINK MOET IIK U OP UW PLICHTEN OEWIJZEN EN DUS VERZOEK IIK U OM MENEER OBAMA OP DE GEPASTE MANIER TE ONTVANGEN.
BOAF.
ONDERTUSSEN BEGIN IIK AL MET DE REST VAN DE VOORBEREIDINGEN!
GOD BLESS AMERICA
STAR
WAT HEEFT DIE?
BAH, HIJ IS IN DE WOLKEN OMDAT ZIJN IDOOL BARACK OBAMA EN ZIJN LEGER LIJFWACHTEN ONS KOMEN BEZOEKEN.
JA, IK HEB ERVAN GEHOORD EN DAAROM HEB IK NOG GAUW WAT SPULLETJES GEKOCHT IN DE SOLDEN.
SPULLETJES?
STAR
STAR
WE MOETEN ERVOOR ZORGEN DAT DIE OBAMA ZICH HIER DADELIJK THUIS VOELT, DAT ZAL DE ONDERLINGE BETREKKINGEN TUSSEN BELGIE EN DE VS AANZIENLIJK VERBETEREN.
EUH, IS DIT NIET IETS TE CASUAL?
MAAR NEE, ONZE HOMIE BARACK IS EEN HOMEBOY FROM THE GHETTO, HIJ ZAL DIT MEGA CHILL VINDEN YO!
TSS, ONZE BOUDEWIJN MOEST HET ZIEN.
NOZEMS.
USA
USA
USA
1/28

WAT DOEN WE HIER EIGENLIJK IN DEZE VLAAMSE VELDEN, PAPA?
EEN LES IN 'VADERLANDSCHE GESCHIEDENIS', ZOON.
Ieper
100 JAAR GELEDEN HEEFT ZICH HIER EEN VERSCHRIKKELIJK DRAMA AFGESPEELD EN...
UIT DE WEG!
HE WAT!?
KIJK UIT!
SPLOTSJ
VELDRIJDERS! U ZEI IETS OVER EEN OF ANDERE GEBEURTENIS VAN 100 JAAR GELEDEN?
INDERDAAD, 100 JAAR GELEDEN ZIJN HIER DUIZENDEN SLACHTOFFERS GEVALLEN EN...
FROT FROT FROT
?
BAF
OEPS PAPA, GAAT HET?
GRRMBL, WELKE IDIOOT GRAAFT HIER NU OOK EEN GRACHT!?
MAAR WAAR WAS IK GEBLEVEN? O JA, 100 JAAR GELE...
AKKERDJIE!
ZIT GULDER ZOT GEWEURE!? HET LEGT IER VOL OBUSSEN UT DEN OORLOG! MOAKT DA GULDER WEG ZIT AKKERDJIE!
HAHAHA, JA HOOR BESTE MAN, VOOR U HETZELFDE.
FEND
WAT WILDE DIE MAN?
GEEN IDEE, WESTVLAAMS IS EEN TAAL DIE IK NIET MACHTIG BEN.
BON, WAAR WAS IK GEBL...
CLICK
!?
BAOUM
EUH, U ZEI IETS OVER EEN GEBEURTENIS VAN 100 JAAR GELEDEN.
LAAT MAAR.
1/29

IK BEN ERMEE WEG CHERIE, JE MOET NIET OPBLIJVEN VOOR MIJ.
ZUCHT, SPIJTIG DAT IK NIET MEE KAN NAAR DAT BAL.
ZZZM
TJA, IK VREES DAT JE MET DEZE KLEREN EN DIT KAPSEL WAT UIT DE TOON ZOU VALLEN.
IK WIL OOK NOG WEL EENS IETS NIEUWS...
...IETS VAN DE ZEEMAN OF ZO.
NU ONZE DOTATIE ZO FORS TERUGGESCHROEFD IS, ZIT DAT ER VOOR HET EERST NIET IN VREES IK.
ALS IK DI RUPO TEGEN HET LIJF LOOP, ZAL IK HEM NOGMAALS ZEGGEN DAT HET ZO NIET VERDER KAN, DA'S BELOOFD!
DAT IS NU AL MEER DAN EEN MAAND DAT IK HIER BINNEN ZIT.
STOFZUIGEN, KUISEN, WASSEN EN PLASSEN, HET KOMT MIJN OREN UIT.
EN DAT TERWIJL ALLE PRINSESSEN ZICH KOSTELIJK AMUSEREN MET HUN PRINS OP AL DIE FEESTJES. IK LIJK WEL ASSEPOESTER!
HELAAS MOET IK HIER GEEN GOEDE FEE VERWACHTEN DIE MIJ OMTOVERT TOT EEN PRACHTIGE PRINSES.
?
DING DONG
IK HEB DAT ARM SCHAAP EENS ONDER HANDEN LATEN NEMEN DOOR MIJN PERSOONLIJKE KAPPER EN COUTURIER.
!?
CLAIRE, BEN JIJ DAT?
DAT KAPSEL, PRACHTIG!
EN DIE JURK, ZO ORIGINEEL!
IK KAN WEL INPAKKEN MET MIJN GLAZEN SCHOENEN!
1/30

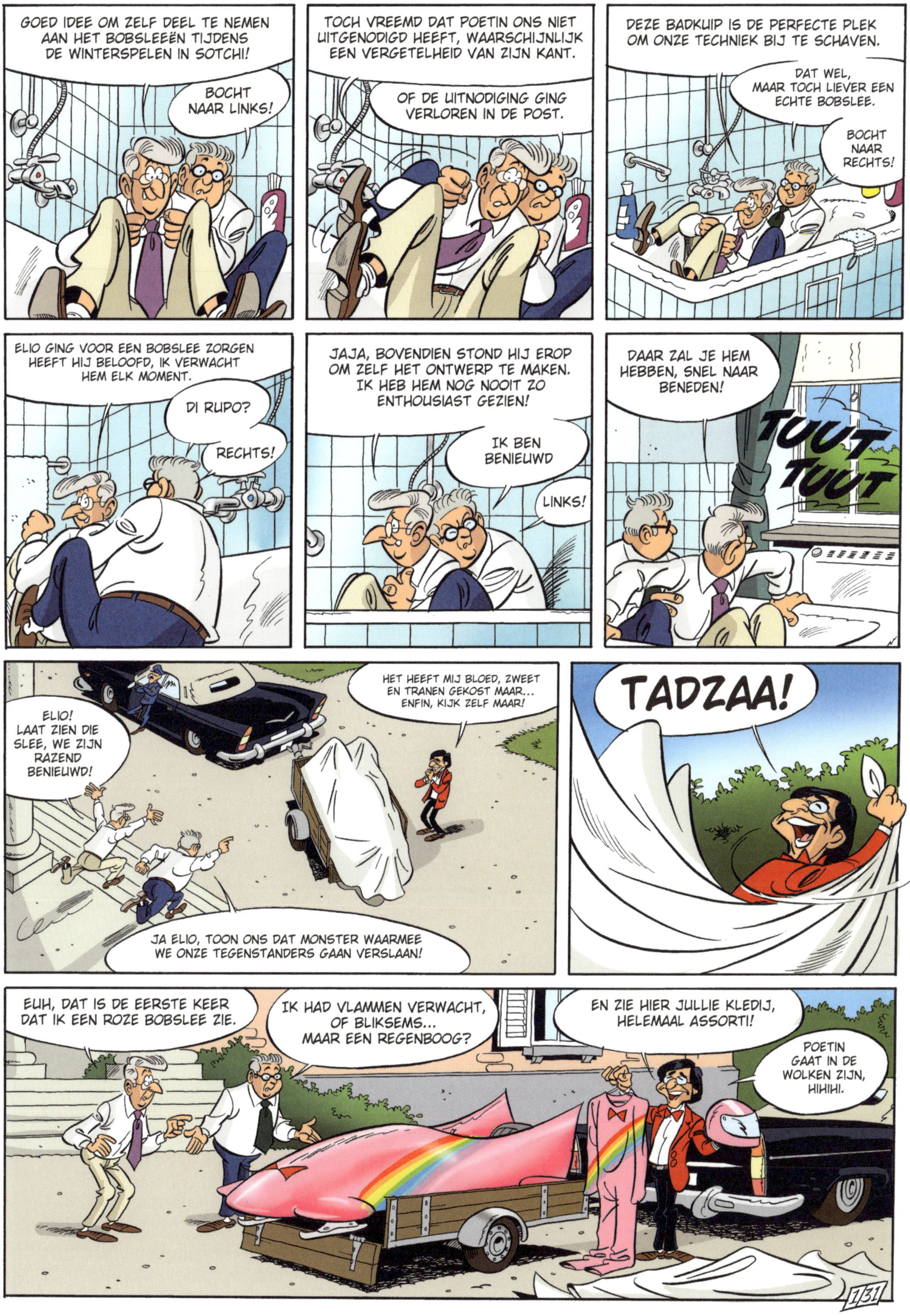
GOED IDEE OM ZELF DEEL TE NEMEN AAN HET BOBSLEEËN TIJDENS DE WINTERSPELEN IN SOTCHI!
BOCHT NAAR LINKS!
TOCH VREEMD DAT POETIN ONS NIET UITGENODIGD HEEFT, WAARSCHIJNLIJK EEN VERGETELHEID VAN ZIJN KANT.
OF DE UITNODIGING GING VERLOREN IN DE POST.
DEZE BADKUIP IS DE PERFECTE PLEK OM ONZE TECHNIEK BIJ TE SCHAVEN.
DAT WEL, MAAR TOCH LIEVER EEN ECHTE BOBSLEE.
BOCHT NAAR RECHTS!
ELIO GING VOOR EEN BOBSLEE ZORGEN HEEFT HIJ BELOOFD, IK VERWACHT HEM ELK MOMENT.
DI RUPO?
RECHTS!
JAJA, BOVENDIEN STOND HIJ EROP OM ZELF HET ONTWERP TE MAKEN. IK HEB HEM NOG NOOIT ZO ENTHOUSIAST GEZIEN!
IK BEN BENIEUWD
LINKS!
DAAR ZAL JE HEM HEBBEN, SNEL NAAR BENEDEN!
TUUT TUUT
ELIO! LAAT ZIEN DIE SLEE, WE ZIJN RAZEND BENIEUWD!
HET HEEFT MIJ BLOED, ZWEET EN TRANEN GEKOST MAAR... ENFIN, KIJK ZELF MAAR!
JA ELIO, TOON ONS DAT MONSTER WAARMEE WE ONZE TEGENSTANDERS GAAN VERSLAAN!
TADZAA!
EUH, DAT IS DE EERSTE KEER DAT IK EEN ROZE BOBSLEE ZIE.
IK HAD VLAMMEN VERWACHT, OF BLIKSEMS... MAAR EEN REGENBOOG?
EN ZIE HIER JULLIE KLEDIJ, HELEMAAL ASSORTI!
POETIN GAAT IN DE WOLKEN ZIJN, HIHIHI.
1/31

GOLF CHANNEL
WHACK
HOLALA, WAT EEN AFSLAG!
ROOOOOO
ALBERT, STOP DAARMEE! STRAKS VERSLIK JE JE NOG IN ZO'N NOOTJE.
KIJK, TWEE TEGELIJK.
JE ZOU BETER JE 3D-BRILLETJE OPZETTEN. ZELFS EEN OERSAAIE GOLFWEDSTRIJD WORDT DAN SUPERSPECTACULAIR.
EN HUP, DRIE!
POC
HET LIJKT ZELFS AF EN TOE ALSOF DIE BAL DE HUISKAMER INVLIEGT.
HAHAHA, PAS DAN MAAR OP!
GLP...
JA LAP, DAAR HEB JE HET AL. IK HEB JE NOG ZO GEWAARSCHUWD!
MAOW!
REUUH! TEHEU!
REUHEUU REUHEUU
ALBERT OVERDRIJF NIET. HET IS MAAR EEN BORRELNOOTJE, GEEN GOLFBAL.
VERDORIE, WEER ERNAAST! WAT IS DE VOLGENDE UITDAGING? WANT MINIGOLF SCHIET BIJ MIJ IN HET VERKEERDE KEELGAT!
HOLA, VERSLIK JE NIET, EEN DUIK IN HET WATER MET DUBBEL GEHOEKTE SALTO VANAF EEN ROTS VAN 20 METER!
MAKKIE.
FILIP VS LAURENT
1 2
POC
1/32

DUS U WILT MEEWERKEN AAN HET WETENSCHAPPELIJK ONDERZOEK ROND ONZE TWEE NIEUWE GASTEN?
ALS DAT ZOU KUNNEN.
HMM, WELKE ROL ZIET U HIERIN WEGGELEGD VOOR U?
HAHAHA, IEDEREEN WEET TOCH DAT IK EEN ENORME DIERENLIEFHEBBER BEN.
JA, DAT WEL, MAAR DIT ZIJN PANDA'S EN IK MEEN TE WETEN DAT U DAAR WEINIG OF GEEN ERVARING MEE HEBT.
IK KIJK DAGELIJKS NAAR ALLE NATUURDOCUMENTAIRES OP NATIONAL GEOGRAPHIC, OOK OVER PANDA'S.
GOED DAN, MAAR HET IS DANKZIJ "EEN ZEKER IEMAND" DAT IK U DEZE KANS GEEF, WANT ANDERS...
TOP, WAAR KAN IK MIJ OMKLEDEN?
EVEN LATER...
U WILT DUS ALS HET WARE INFILTREREN IN DE LEEFOMGEVING VAN DE PANDA'S OM ZO HUN GEDRAG TE BESTUDEREN?
MEER ZELFS, IK DRAAI EEN KNOP OM IN MIJN HOOFD EN WORD ÉÉN VAN HEN, IK WORD EEN PANDA!
WEES TOCH MAAR VOORZICHTIG, ZE ZIEN ER SCHATTIG UIT MAAR HET BLIJVEN WILDE DIEREN.
?
ZZZZ
WEES GERUST. KIJK, HET MANNETJE KOMT MIJ REEDS BEGROETEN, HIJ AANVAARDT MIJ IN ZIJN GROEP.
HAHAHA, HIJ WIL EEN SPELLETJE SPELEN.
PAARDJE HOP HOP!
EUH, ALLES GOED MONSEIGNEUR?
HOLA, RUSTIG AAN!
HELA!
GNIIIII!
KIJK LAURENT, EEN CADEAUTJE OM JE WAT OP TE BEUREN... WAT SCHEELT ER TOCH?
HIJ WIL ER NIET OVER PRATEN ZEGT HIJ.
1/33

VERDORIE, DAT DING WERKT LANGS GEEN KANTEN!
BEEP BIP BIP
KAN IK U EVEN SPREKEN, MAJESTEIT?
AAH, DE CREM, KOM BINNEN, IK HEB EEN SMARTPHONE CADEAU GEKREGEN VAN MATHILDE, MAAR IK SNAP TOTAAL NIET HOE DIE WERKT.
IK VREES DAT ER BELANGRIJKER ZAKEN AAN DE ORDE ZIJN, SIRE.
DE TOESTAND IN OEKRAÏNE EVOLUEERT ONGUNSTIG. IK DENK DAT HET TIJD WORDT OM ONS DAAR EENS MEE TE MOEIEN VOOR DE BOEL ER ONTPLOFT.
OEKRAÏNE, LIGT DAT IN DE WESTHOEK?
HET WORDT TIJD OM ONZE TANDEN EENS TE TONEN OM ZO DAT GEKIBBEL EEN HALT TOE TE ROEPEN.
IK KAN BETER MIJN TANDEN IN DIT ROTDING ZETTEN!
IK STEL VOOR DAT U DE HEER VLADIMIR POETIN EENS BELT OM DUIDELIJK TE MAKEN WAT WIJ DENKEN VAN HEEL DEZE SITUATIE.
POETIN, ZEGT U? EENS KIJKEN OF IK ZIJN NUMMER HEB.
HOE WERKT DAT HIER?
POELMANS, VAN DE POEL, POETRELS, POELVOORDE, POELIERS, NEE GEEN POETIN.
WACHT, IK SMS ZIJN NUMMER.
EUH, AHA, OKE DAN.
HET KOMT BINNEN.
IN THE NAVY
EN NU DUS... JA, ZO EN ZO... OF NEE...
WACHT!
HOLA, HET BELT AL.
HALLO, MET POETIN? ZEG VLADIMIR, LUISTER EENS, HET MOET GEDAAN ZIJN MET DIE ZEVER DAAR IN OEKRA...OEKRA...DINGES.
ALS IK U WAS ZOU IK ME DAAR NIET TE VEEL MEE BEMOEIEN, ZONIET KOM IK ZELF WEL EENS TOT DAAR, BEGREPEN?!
VOILÀ!
MAJESTEIT, IK BEN TROTS OP U.
WIE WAS HET?
ONZE FILIP, DIE BLIJKBAAR NOG STEEDS AAN HET SUKKELEN IS MET ZIJN NIEUWE SMARTPHONE.
1/34

SINDS ZIJN PENSIOEN DOET HIJ NIETS ANDERS MEER DAN DOMME COMPUTERSPELLETJES SPELEN OP ZIJN SMARTPHONE, IK WORD ER GEK VAN.
RAAH! HAHA! LEVEL DRIEHONDERZEVENENTACHTIG, HERE I COME, WIIII!
NEEM HEM ANDERS EENS MEE NAAR BUITEN, HIJ ZIT AL DAGEN BINNEN EN HET IS ZO'N MOOI WEER.
RIIIHAA! WOEHOEHOE HOLA, PAS OP AAAH!!
KOM PAPA, GENOEG GESPEELD, MEE NAAR BUITEN, DE BOER OP!
DE BOER?! GAAN WE FARMVILLE SPELEN?
BRIII! TUUT! HIHIHI!
WIIII!
HET ZONNETJE SCHIJNT, DE LENTE HANGT IN DE LUCHT!
SPRING IS IN THE AIR!? IS DAT EEN NIEUWE GAME?
MAG IK SPELEN?
MAG HET?
IEDEREEN KRIJGT LENTEKRIEBELS, DE BLOEMETJES EN DE BIJTJES DOEN HUN WERK!
LENTEKRIEBELS! WAAAH! HAHAHAHA, HIHIHI!
EN KIJK, OOK DE TREKVOGELS KOMEN TERUG UIT HET ZUIDEN.
VOGELS? ZEI JE VOGELS?
HEU JA, VOGELS
VOGELS, ALS IN BIRDS?!
♪
WOHOO!
?
ZO TERUG!
HIHIIIIAAAAAR! NET WAT IK DACHT, ZE ZIJN TERUG!
ZE?
KIJK DAN!
!?
1/35

CLAIRE, HEB JIJ MIJN PANDAKOSTUUM GEZIEN? IK VIND HET NERGENS.
JE HAD DAT TOCH AAN IEMAND UITGELEEND, IETS MET "VLAAMSE TV STERREN" OF ZOIETS?
VANDAAG TE GAST IN 'DE ZEVENDE DAG', BART DE WEVER, WELKOM.
VERDORIE, AAN WIE HEB IK DAT PAK NU WEER UITGELEEND?
EEN FRISSE NEUS HALEN ZAL MIJN GEHEUGEN OPFRISSEN.
EEN VOLMONDIG NON MET JOELLE MILQUET
STEM DE CREM
" IK ROEST NIET "
FONS
STEM BART DE WEVER
IK BEN NOG NIET UITGESTORVEN
AAN FILIP MISSCHIEN? HM NEE, DIE ZIE IK EERDER IN EEN GRIJZEMUIZENPAK.
PANDA GESPOT IN DE BUURT VAN HET ANTWERPSE STADHUIS, LEES HET HIER!
NEWS
AAN PAPA MISSCHIEN? NEE, MAMA ZOU DAT NOOIT TOELATEN.
ZE ZUUULEN HEM NIET TÉÉMEN DE FIERE VLAAMSCHE PANDA!
VANAF NU SCHRIJF IK OP AAN WIE IK KLEREN UITLEEN, GOED GEWETEN!
HEDEN VLAAMS ZANGFEEST
ANTWERP 10MILES
KOMAAN BART!
!?
HE MAAR...
WEL POTVERDORIE, NU VALT MIJN EURO!
EVEN BELLEN.
HALLO, DE WEVER? ZEG EENS KEREL, WANNEER GA JE EINDELIJK MIJN PANDAKOSTUUM TERUGBRENGEN?
IK KRIJG HET NIET MEER UIT, DE RITSLUITING IS KAPOT EN BOVENDIEN IS HET HEERLIJK OM ZO INCOGNITO ROND TE LOPEN.
MOET ER ZOUT OP?
HET DRAAKSKE
1/36

EN, WAT VIND JE ERVAN?
HMM, HET HEEFT WEL IETS VAN HET WITTE HUIS MAAR TOCH...
SCHILDERWERKEN DE WIT EN ZOON
MAAR WAT?
ALS BARACK OBAMA ZICH HIER NIET GAAT THUIS VOELEN TIJDENS ZIJN VERBLIJF, DAN WEET IK ER NIKS MEER VAN.
BOVENDIEN HEB IK OOK HET VOLTALLIGE KEUKENPERSONEEL MET VAKANTIE GESTUURD.
WAAROM?
GEEN BRUSSELSE SPRUITEN OF WITLOOF MET KAASSAUS IN DE OVEN MEER, WE SERVEREN ALLEEN ECHTE AMERIKAANSE KOST VOOR ONZE GAST!
TWEE HAPPY MEALS GRAAG.
BIG PHIL
EN TOCH VERGEET JE IETS.
O JA, WAT DAN? HET VRIJHEIDSBEELD IN ONZE TUIN ? OF DISNEYLAND ?
NEE, JE VERGEET DAT DE AMERIKANEN DE FAMILIALE WAARDEN HOOG IN HET VAANDEL DRAGEN, DUS MOETEN WE...
...ONS ALS EEN HECHTE FAMILIE GEDRAGEN ZEKER?
HAHAHAHA! IK ZAL ONS DELPHINE AL BELLEN.
MAAR JE HEBT GELIJK, WE MOETEN ONS GEWOON ALS EEN TYPISCHE, DOORSNEE AMERIKAANSE FAMILIE GEDRAGEN.
WELCOME IN SPRINGFIELD, I MEAN BELGIUM MISTER PRESIDENT!
?
BEYONCE 1
1/37

VERDORIE PAPA, HOE VAAK MOET IK HET NOG ZEGGEN, DIT IS MIJN BUREAU NU!
VERDIKKE, FILIP, IK SCHRIK ME DOOD!
WAT IS ER NU WEER?
NET NU IK MIJN SIGARENBANDJES MOOI PER JAARTAL GESORTEERD HAD.
HMM, IK ZIE DAT JE DIE LICHTBLAUWE TRUI VAN DAT TV-INTERVIEW OOK WEER AAN HEBT.
INDERDAAD, MOOI HÉ?
NOG EEN PRATENDE PAPEGAAI OP JE SCHOUDER EN JE LIJKT NET JOMMEKE.
IK VIND HET MEER IETS VAN KUIFJE HEBBEN.
IK ZOU HET OP PRIJS STELLEN MOCHT JE EENS EEN NIEUW PAK AANSCHAFFEN DIT KONINGSHUIS WAARDIG.
EN WIE GAAT DAT NIEUWE KOSTUUM BETALEN?
GA NAAR ONZE HOFLEVERANCIER EN LAAT HET MAAR OPSCHRIJVEN, BOVENDIEN ZIJN HET SOLDEN.
AL GOED, AL GOED.
SINDS ONZE FILIP DE PLAK ZWAAIT, KRIJG IK CONSTANT ONDER MIJN VOETEN, IK BEN HET BEU.
KIJK, JOMMEKE.
WAT IS DIE OUD GEWORDEN.
SOLDEN
50%
SOLD
HAD IK HET GEWETEN, IK WAS NOG LANG NIET AFGETREDEN.
Chéz René
Hofleverancier sinds 1830
SOLDEN
DAG RENÉ, LANG GELEDEN.
MAJESTEIT, WAT EEN VERRASSING, IK DACHT DAT KUIFJE MIJN WINKEL BINNENSTAPTE.
DIT IS GEEN KLEDING EEN KONING WAARDIG, WACHT IK HEB NET EEN PAAR NIEUWE MODELLETJES BINNEN EN...
NIET ZO SNEL RENÉ, DE VETTE JAREN ZIJN HELAAS VOORBIJ.
HEB JE NIETS LIGGEN WAAR JE NIET VANAF RAAKT, IETS SPORTIEF, NIET TE OPVALLEND EN SPOTGOEDKOOP?
HM, IK DENK DAT IK PRECIES HEB WAT ZIJNE MAJESTEIT ZOEKT.
RENÉ HAD HIER NOG EEN HELE STAPEL VAN LIGGEN EN DAT VOOR EEN SPOTPRIJS, IK HEB ER INEENS ELF GEKOCHT.
LEVE DE REPUBLIEK.
1/52

HALLO, JONGEN.
WAAROM WILDEN JULLIE ME ZO DRINGEND SPREKEN? IK HEB NOG WERK EN...
DAT KAN WACHTEN, GA ZITTEN.
WAT SCHEELT ER, TOCH NIETS ERNSTIGS?
IK VREES VAN WEL ZOON.
WE MOETEN JE IETS VERTELLEN.
TOCH WEER NIET ZO'N VERHAAL ALS DESTIJDS DIE DELPHINE BOËL-STORY, WANT DAN BEN IK WEG.
HAHAHA, NEENEE, WEES GERUST, TROUWENS DIE HISTORIE HEBBEN WIJ AL LANG UIT ONS GEHEUGEN GEBANNEN.
JIJ MISSCHIEN WEL.
WAAROVER GAAT HET DAN WÉL?
HET GAAT OVER DE KLOKKEN.
WELKE KLOKKEN?
VAN ROME.
WAT IS DAARMEE?
WEL EUH, DIE BESTAAN NIET.
KOFFIE?
NEE, DANK U.
HOEZO "DIE BESTAAN NIET"?
HET ZIJN ALLEMAAL VERZINSELS VAN DE GROTE MENSEN, NET ALS SINTERKLAAS.
HOEZO, WAT IS ER MET SINTERKLAAS?
DIE BESTAAT OOK NIET, NET ALS DE KERSTMAN, DE PAASHAAS...
DIT GAAT DE VERKEERDE RICHTING UIT.
JAMAAR WIE?...
LUISTER JONGEN, WIJ WAREN HET, WIJ LEGGEN AL JAREN DIE EIEREN IN ONZE TUIN, WIJ BEDELVEN JULLIE MET SPEELGOED OP 6 DECEMBER, WIJ LEGGEN DE PAKJES ONDER DE KERSTBOOM.
MAAR ONS KARIG PENSIOENTJE LAAT DAT NU NIET MEER TOE, EN DUS...
...
M...M... MAAR?
LATER...
HEBBEN ZE HET JOU OOK VERTELD?
JOEHOE, HIER ZIJN WE MET DE ANTIDEPRESSIVA!
1/39

ZIEZO, PASEN LIGT ALWEER ACHTER ONS.
ZONDER CHOCOLADE EIEREN DEZE KEER.
TJA, PASEN ZAL NOOIT MEER HETZELFDE ZIJN NU WE WETEN DAT DE KLOKKEN VAN ROME NIET BESTAAN.
KLOKKEN DIE GEVULD MET EIEREN VAN ROME NAAR HIER VLIEGEN, HET WAS MISSCHIEN TOCH WAT ONWAARSCHIJNLIJK.
ZEKER ALS DIE KLOKKEN HUN EIEREN DAN OOK NOG EENS NET BOVEN ONZE TUIN LATEN VALLEN.
ZONDER DAT ER OOK MAAR ÉÉN EITJE BREEKT.
OM NOG MAAR TE ZWIJGEN OVER DE PAASHAAS.
HAHAHA, INDERDAAD, EEN PAASEIEREN SCHILDEREND KNAAGDIER, HOE VERZINNEN ZE HET!?
HAHAHA, IK ZIE HET ZO VOOR ME, ZO'N HAAS DIE IN DE WEER IS MET EEN VERFBORSTELTJE.
HAHAHA EN VAN DIE KLEINE SCHATTIGE VERFPOTJES.
EN DIE HAAS KOMT DIE EIEREN DAN OOK NOG EENS VERSTOPPEN IN ONZE TUIN! HAHAHAHA!
HIHIHHAHAHA, IK ZIE HEM AL RONDHUPPELEN MET ZIJN MANDJE VOL EITJES.
WIJ WAREN ECHT WEL EEN KOPPEL IDIOTEN OM DIE ONZIN AL DIE JAREN TE GELOVEN.
ZEG DAT WEL, ONS KONDEN ZE ALLES WIJSMAKEN.
GELUKKIG LIGT DIE TIJD VER ACHTER ONS, MIJ MAKEN ZE NIETS MEER WIJS!
MIJ OOK NIET!
STEM IKKE
ELIO
HET WORDT NOG BETER
BART DE WEVER
IK ZET DIE PLAAT OP!
ZEG JA TEGEN MADAME NON!
IK SMIJT MIJN GEWICHT IN DE SCHAAL!
MAGGIE!
WIJ BELOVEN VAN ALLES!
PANDA'S BUITEN
EIGEN DIEREN EERST
1/40
IDEE: MARC LEGENDRE.

MAMA, MOGEN WIJ EEN FILM HUREN?
HELAAS NICOLAS, WE HEBBEN GEEN DIGICORDER MEER, PAPA HEEFT ONS CONTRACT MET TELENEST OPGEZEGD.
WAAROM?
TJA, ZE DWINGEN HUN KLANTEN OM EEN NIEUW MODEL VAN HUN DIGICORDER TE KOPEN EN PAPA HEEFT GEZEGD DAT HIJ NIET MEEDOET AAN ZULKE AFTROGGELPRAKTIJKEN.
MAAR NIET GETREURD, OP ZOLDER STAAT NOG EEN VOLLE DOOS DISNEY-VIDEO'S VAN PAPA, HAAL DIE MAAR NAAR BENEDEN.
JOEPIE!
EVEN LATER...
PFF, DIT ZIJN ZE ALLEMAAL.
GOED ZO, ZET MAAR NEER.
EN OMDAT JULLIE TOCH WEER ALLEBEI EEN ANDERE FILM WILLEN ZIEN ZAL EEN ONSCHULDIGE HAND ER ÉÉNTJE KIEZEN.
SPANNEND!
VEEL TOFFER DAN DE CINEMA!
JAWS
INDERDAAD EN VEEL GOEDKOPER... HMM, SNEEUWWITJE, LEUK.
SNEEUWWITJE XXX
EN NU, SNAVELTJES DICHT, DE VERTONING GAAT BEGINNEN.
POP
!?
?
?
SNEEUWWITJE EN DE HETE DWERGEN, ASSE-POESJE DOET HET KASTEEL, ALICE IN PORNOLAND, WAT HEEFT DAT TE BETEKENEN!?
IK VOND AL DAT DIE KABOUTER ER WAT VREEMD UITZAG.
BAMBI XXX
1/41

AH, DI RUPO, ALLES GOED?
NON.
WAT SCHEELT ER, VERKIEZINGS-KOORTS?
HEBT OE DE KRANTENKOPPEN NOG NIET KEZIEN?
VOLGENS DE PEILINGEN ZOU BART DE OEWEVER ÉÉN DERDE VAN ALLE STEMMEN BINNENHALEN, IIK KAN HET WEL VERGETEN.
KOM KOM, DE PRIJZEN WORDEN PAS AAN DE MEET UITGEDEELD.
WAT JIJ NODIG HEBT IS EEN PANDA-STUNT!
EEN OEWAT?
TCHOUMP TCHOUMP
HERINNER JE JE BART DE WEVER NOG MET ZIJN PANDA KOSTUUM OP NATIONALE TELEVISIE?
EN OF, IEDEREEN SPREEKT EROVER!
IEDEREEN...
SPREEKT...
EROVER...
OE HEBT KELIJK! IK TREK OOK ZO'N PANDA PAK AAN EN...
GEEN SPRAKE VAN, DAT IS PLAGIAAT.
NEE, WE MOETEN MET EEN NIEUW ORIGINEEL CONCEPT OP DE PROPPEN KOMEN, IETS WAT NIEMAND ZAL VERWACHTEN, IETS DAT IEDEREEN VAN ZIJN SOKKEN ZAL BLAZEN.
KUNT U GOED WAGGELEN?
PLANCKENDAEL STELT VOOR WANDELEN MET PINGUINS
HIERBIJ VERKLAAR IIK HET NIEUWE PINGUIN VERBLIJF VOOR GEOPEND!
JUFFROUW LUIPAARDS, WIE IS DIE PIPO? IK DACHT DAT MAGGIE DE BLOCK KWAM.
DIE MOEST HET NIEUWE OLIFANTEN VERBLIJF VAN DE ZOO VAN ANTWERPEN OPENEN MENEER.
PLAF
CLAP CLAP
CLAP CLAP
CLAP CLAP
PASCAL
1/42

LAURENT, JE RIJDT VEEL TE HARD!
KOM KOM SCHATJE, EEN SLORDIGE 200 PER UUR EN IK RIJD NIET EENS IN DE BEBOUWDE KOM.
!?
VROOOAAAA
LAURENT IV
BOVENDIEN HEB IK NIKS TE VREZEN NU DE POLITIE LEVENSGROTE KARTONNEN AGENTEN NAAST DE WEG ZET OM ZO DE HARDRIJDERS AF TE SCHRIKKEN, HAHAHA.
HOEZO, KARTONNEN AGENTEN?
WELJA, KIJK DAAR STAAN WEER TWEE VAN DIE KARTONNEN IDIOTEN.
GOED OPLETTEN NU.
GRAAAASHHH
BEN JE NU HELEMAAL GEK GEWORDEN?! DAT WAREN ECHTE AGENTEN!
BOAF, JA ZEG, HIER KARTONNEN, DAAR ECHTE, ZO WORDT HET WEL ONDUIDELIJK.
DAAR GAAT NOG EEN STAARTJE AAN KOMEN!
WEES GERUST, IK HEB MIJN VOORZORGEN GENOMEN.
EVEN LATER...
HALLO? AAH, COMMISSARIS, HOE ZEGT U? ... EEN AANSLAG DOOR LAURENT OP TWEE VAN UW BESTE AGENTEN? WANNEER DAN WEL?
ENKELE MINUTEN GELEDEN, ZE ZIJN VOLLEDIG IN SHOCK NADAT DIE MANIAK VAN EEN BROER VAN U HEN VAN DE BAAN HEEFT WILLEN RIJDEN!
WANTED
MAAR COMMISSARIS, DAT IS ONMOGELIJK, MIJN BROER STAAT HIER AL UREN NAAST MIJ!
IK STEL VOOR DAT U UW BRONNEN NOG EENS CHECKT ALVORENS IEMAND VALSELIJK TE BESCHULDIGEN.
1/43

GOEIE MORGEN.
GOEIE...
PFFRST
WAT SCHEELT ER CHERI, VERSLOKKEN IN JE CROISSANT?
J...J...JE HEBT EEN B...B... BAARD!
INDERDAAD, GOED OPGEMERKT. IK BEN SOLIDAIR MET ALLE MENSEN DIE ZICH ANDERS WILLEN UITEN, MENSEN DIE HUN INNERLIJKE GEVOELENS NIET LANGER MEER WILLEN VERBERGEN.
IS HET MOGELIJK DAT HET VOORBIJE EUROVISIESONG-FESTIVAL HIER IETS MEE TE MAKEN HEEFT?
KIJK, ALWEER ZO'N KORTZICHTIGE OPMERKING. VOOROORDELEN, ALTIJD MAAR VOOROORDELEN, DAT MOET STOPPEN!
VEEL SUCCES ERMEE, TOEN IK EEN BAARD HAD WAS ER AL COMMENTAAR, IK BEN BENIEUWD.
IK HOOP VOORAL DAT DE MENSEN ZULLEN BESEFFEN DAT DE VRIJHEID OM JE TE UITEN EEN ONGELOFELIJK CADEAU IS.
OVER CADEAUS GESPROKEN, DAT DOET ME ERAAN DENKEN...
TADZAA!
GELUKKIGE MOEDERDAG! JAJA IK WEET HET, EEN WEEK TE LAAT MAAR IK HAD HET OOK ZO DRUK MET... EUH...
VANALLES.
WAT ZIT ERIN?
OCH, EEN KLEINIGHEID DIE IK VOOR LAURENTS VERJAARDAG GEKOCHT HAD MAAR HIER IS BLIJVEN STAAN, DUS...
SCHEERSCHUIM EN SCHEERMESJES?
VOOR UW BENEN EN UW BIKINILIJN, DIE BAARD MAG JE LATEN STAAN.
1/44

WAT SCHEELT ER CHERI? JE KIJKT ZO BEDRUKT.
MEUH, IK VOEL ME ZO... ZO...
...NUTTELOOS.
MAAR WAAROM TOCH? ALS KONING VAN ONS LANDJE BEN JIJ TOCH ALLESBEHALVE NUTTELOOS.
EEN KONING DIE NIET EENS MAG GAAN STEMMEN IS NUTTELOOS.
ALLE STEMGERECHTIGDE BELGEN MOCHTEN ZONDAG HUN STEM UITBRENGEN, BEHALVE IK! IK HEB OOK EEN POLITIEKE VOORKEUR HOOR!
SSST, RUSTIG MAAR, RUSTIG.
PFF, IK MAG HIER NIKS, ALTIJD MAAR JA KNIKKEN, HANDJES SCHUDDEN EN HANDTEKENINGEN ZETTEN, DAT IS ALLES WAAR IK GOED VOOR BEN.
DAN ORGANISEREN WE TOCH ONZE EIGEN VERKIEZINGEN MET STEMHOKJE, BIJZITTERS, TELLERS, DE HELE REUTEMETEUT!
JAAAH! MAAR GEEN COMPUTERS, IK WIL ZO'N BOLLETJE ROOD KLEUREN.
LATER...
HIHIHI, SUPER PLEZANT! ZIEZO, MIJN STEMBILJET IN DE STEMBUS!
WAAR BLIJFT LAURENT TOCH? IK HEB HEM OPGEROEPEN ALS BIJZITTER.
EN DE ANDEREN MOETEN OOK NOG KOMEN STEMMEN, WAAR BLIJVEN ZE TOCH?
ZE HEBBEN NOCHTANS ALLEMAAL EEN KIESBRIEF GEHAD.
POEH, ALS DIE ECHT DENKEN DAT IK GA KOMEN BIJZITTEN, TARARA!
IK HEB EEN DOKTERSBRIEFJE... MIJN HEUP, HE.
IK HEB HET IN MIJN RUG.
IK BEN ZOGEZEGD NAAR EEN COMMUNIEFEEST EN JIJ?
WIJ ZITTEN IN OOSTENRIJK BIJ ZIJN OUDERS.
IK... HIK, ZIT IN... HIPS, LOURDES!
AMEN.
HOTEL Sunny Beach
HOT
1/45

Filip van België 1 – Waar is dat feestje?
van Charel Cambré is verschenen
in opdracht van uitgeverij Strip2000.
De inkleuring is van Chantal Kashala
en de inkting van Michiel De Jong.

Filip van België verscheen eerder in het wekelijkse magazine *Story*.

ISBN 978-94-6280-02-43

2000 STRIP
STRIPS MET HUMOR

www.charelcambre.be
www.strip2000.nl